Avignon, 16-9-22

Éloge de la philosophie antique

DU MÊME AUTEUR
AUX ÉDITIONS ALLIA

Éloge de Socrate

PIERRE HADOT

Éloge de la philosophie antique

Leçon inaugurale de la Chaire d'histoire
de la pensée hellénistique et romaine
faite au Collège de France, le vendredi 18 février 1983

ÉDITIONS ALLIA
16, RUE CHARLEMAGNE, PARIS IVe
2020

Cette *Leçon inaugurale*, donnée le vendredi 18 février 1983, a été publiée pour la première fois par le Collège de France la même année. Elle a ensuite paru sous le titre *L'Histoire de la pensée hellénistique et romaine* dans le volume *Exercices spirituels et philosophie antique* (Paris, Institut d'études augustiniennes, 3ᵉ édition revue et augmentée, 1993). Elle a été traduite en anglais par A. Davidson et Paula Wissing, et publiée dans la revue *Critical Inquiry*, n° 16, printemps 1990, p. 483-505, sous le titre "Forms of Life and Forms of Discourse in Ancient Philosophy", reprise dans P. Hadot, *Philosophy as a Way of Life*, éd. par A. Davidson, Oxford-Cambridge USA, Blackwell, 1995, p. 49-70, et dans *Foucault and his Interlocutors*, éd. par A. Davidson, The University of Chicago Press, 1997, p. 203-224. Il en existe également une traduction polonaise dans P. Hadot, *Filozofia jako cwiczenie duchowe*, éd. par P. Domanski, Varsovie, Académie Polonaise, 1992, p. 195-330.
Hendrick ter Brugghen, *Héraclite d'Éphèse*, 1628. Amsterdam, Rijksmuseum. © Electa/Leemage, pour l'image de couverture.

"CHACUN[1] de vous attend de moi deux choses à l'occasion de cette leçon inaugurale : tout d'abord que je remercie ceux grâce à qui j'ai pu venir ici, ensuite que je fasse un exposé de la méthode que j'emploierai pour accomplir la tâche qui m'a été confiée." Tels sont, pour le sens, les premiers mots de la leçon inaugurale prononcée en latin, le 24 août 1551, par Pierre de la Ramée[2], titulaire de la chaire de rhétorique et de philosophie au Collège Royal, donc une vingtaine d'années seulement après la fondation de cette institution. Il y a plus de quatre siècles, on le voit, l'usage de cette leçon, mais aussi ses thèmes majeurs étaient déjà fixés. Et à mon tour aujourd'hui je resterai fidèle à cette tradition vénérable.

Il y a plus d'un an déjà, mes chers Collègues, vous avez décidé de créer une chaire d'histoire

1. Ce texte reproduit celui de la leçon inaugurale, avec quelques modifications minimes de forme ou de contenu ; les notes qui l'accompagnent sont destinées à préciser certaines allusions, à identifier des citations et à indiquer très brièvement certains progrès de la recherche accomplis depuis 1983.

2. Petri Rami Regii Eloquentiae Philosophiaeque Professoris, *Oratio Initio suae Professionis Habita*, Paris, 1551.

de la pensée hellénistique et romaine et, un peu plus tard, vous m'avez fait l'honneur de m'en confier la charge. Comment vous dire, d'une manière qui ne soit pas malhabile et superficielle, la profondeur de ma gratitude et de ma joie devant la confiance que vous m'avez témoignée ?

Je crois pouvoir déceler dans votre décision un trait de cette liberté, de cette indépendance d'esprit, qui caractérise traditionnellement la grande institution dans laquelle vous m'avez admis. Car, pour attirer votre choix, j'avais peu des qualités qui permettent habituellement de se faire remarquer, et la discipline que je représentais n'était pas de celles qui sont à la mode actuellement. J'étais en quelque sorte, comme disaient les Romains, un *homo nouus*, n'appartenant pas à cette noblesse intellectuelle dont l'un des principaux titres est traditionnellement celui d'ancien élève de l'École normale supérieure. Par ailleurs, vous l'avez certainement remarqué lors des visites que je vous ai faites, je n'ai pas cette autorité tranquille que confèrent l'usage et la maîtrise des idiomes en usage de nos jours dans la République des Lettres. Mon langage, vous allez encore le constater aujourd'hui, ne s'orne pas de ce maniérisme qui semble être maintenant de rigueur lorsqu'on s'aventure à parler de sciences humaines. Pourtant, plusieurs d'entre vous m'ont encouragé à présenter ma candidature, et, au cours des visites traditionnelles qui furent pour moi un grand enrichissement, je fus extrêmement touché de rencontrer beaucoup de sympathie et d'intérêt, tout spécialement parmi les spécialistes des sciences exactes, pour le domaine de recherche dont je me faisais devant vous le défenseur. Autrement dit, je crois que je n'ai pas eu à vous convaincre, car vous étiez déjà persuadés de la nécessité d'assurer au Collège un enseignement et une recherche qui maintinssent étroitement liées des orientations trop souvent artificiellement coupées : le latin et le grec, la philologie et la philosophie, l'hellénisme et le christianisme. J'ai été ainsi émerveillé de découvrir qu'en cette fin du XXe siècle, alors que beaucoup d'entre vous utilisent quotidiennement des procédés techniques, des modes de raisonnement, des représentations de l'univers d'une complexité presque surhumaine, qui ouvrent à l'homme un avenir qu'il ne peut même pas concevoir, l'idéal d'humanisme qui inspira la fondation du Collège de France gardait toujours parmi vous, sous une forme sans doute plus consciente, plus critique, mais aussi plus vaste, plus intense, plus profonde, toute sa valeur et sa signification.

J'AI parlé d'une étroite liaison entre grec et latin, philologie et philosophie, hellénisme et christianisme. Je crois que cette formule correspond exactement à l'inspiration de l'enseignement de Pierre Courcelle, auquel je succède, si l'on peut dire, en ligne indirecte, par l'intermédiaire du poste administratif de Rolf Stein qui fut mon collègue à la ve Section de l'École Pratique des Hautes Études et auquel je tiens à rendre hommage en ce jour. Je crois que, ce soir, Pierre Courcelle, qui nous a été si brutalement arraché, est présent intensément au cœur de beaucoup d'entre nous. Il fut pour moi un maître, qui m'a beaucoup appris, mais aussi un ami qui me montra beaucoup de sollicitude. Je ne puis maintenant parler que du savant pour évoquer cette œuvre immense, composée de très grands livres, d'innombrables articles, de centaines de comptes rendus. Je ne sais si l'on a suffisamment mesuré la portée de ce gigantesque labeur. Les premières lignes de son grand ouvrage, *Les Lettres grecques en Occident de Macrobe à Cassiodore*, soulignaient bien ce que l'orientation de sa recherche avait de révolutionnaire pour son époque : "Un gros livre sur les lettres helléniques en Occident de la mort de Théodose à la reconquête justinienne a de quoi surprendre" écrivait Pierre Courcelle. La surprise, c'était d'abord qu'un latiniste s'intéressât aux lettres grecques. Pourtant, comme le notait Pierre Courcelle, ce sont ces lettres grecques qui ont permis l'éclosion de la littérature latine, qui ont produit Cicéron, le type le plus achevé de la culture gréco-romaine à son apogée, qui ont failli même se substituer au latin lorsqu'au IIe siècle après J.-C., celui-ci fut éclipsé par le grec comme langue littéraire. Il faut bien pourtant constater et déplorer que, malgré l'initiative et l'exemple de Pierre Courcelle, à cause d'un préjugé qui n'est pas totalement dépassé et qui tient à la coupure désastreuse que la recherche française établit entre le grec et le latin, ce que disait Pierre Courcelle en 1943, c'est-à-dire il y a quarante ans, reste malheureusement vrai aujourd'hui : "Je ne connais pas de travail d'ensemble qui étudie l'influence grecque sur la pensée ou la culture romaine de l'Empire." La surprise, c'était encore de voir un latiniste consacrer une étude aussi importante à une époque tardive et montrer qu'aux Ve et VIe siècles, dans un moment de prétendue décadence, les lettres grecques avaient connu une renaissance remarquable qui, grâce à Augustin, Macrobe, Boèce, Martianus Capella et Cassiodore, devait permettre au Moyen Âge occidental de garder le contact avec la pensée grecque, jusqu'à ce que les traductions arabes lui permissent de la retrouver dans des sources plus riches. La surprise, c'était encore de voir un philologue aborder des problèmes d'histoire de la philosophie, en montrant l'influence capitale exercée sur la pensée latine chrétienne par le néoplatonisme grec et païen, et, précision importante, non pas tellement par Plotin que par son disciple Porphyre. Nouvelle surprise : ce philologue établissait ses résultats par une méthode rigoureusement philologique. Je veux dire qu'il ne se contentait pas de déceler de vagues analogies entre les doctrines néoplatoniciennes et chrétiennes, d'évaluer, de manière purement subjective, les influences ou les originalités, en un mot de se fier à la rhétorique et à l'inspiration pour établir ses conclusions. Non, suivant en cela l'exemple de Paul Henry, le savant éditeur de Plotin, qui a été lui aussi pour moi un modèle de méthode scientifique, Pierre Courcelle comparait les textes. Il découvrait ce que tout le monde aurait pu voir, mais que personne n'avait vu avant lui, que tel texte d'Ambroise était traduit littéralement de Plotin, que tel texte de Boèce était littéralement traduit d'un commentateur grec néoplatonicien d'Aristote. Une telle méthode permettait d'établir des faits indiscutables, de faire sortir l'histoire de la pensée de ces approximations, de ce flou artistique dans lequel certains historiens, même contemporains de Pierre Courcelle, avaient tendance à la reléguer.

Si *Les Lettres grecques en Occident* provoquèrent une surprise, les *Recherches sur les Confessions de saint Augustin*, dont la première édition parut en 1950, suscitèrent presque un scandale, notamment à cause de l'interprétation que Pierre Courcelle proposait du récit que fait Augustin de sa propre conversion. Augustin raconte que, pleurant sous un figuier, s'accablant lui-même de pressantes interrogations et de reproches amers contre son indécision, il entendit une voix d'enfant répétant: "Prends et lis." Il ouvrit alors au hasard, comme pour tirer un sort, le livre des Épîtres de Paul et il lut la phrase qui le convertit. Averti par sa profonde connaissance des procédés littéraires d'Augustin et des traditions de l'allégorie chrétienne, Pierre Courcelle avait osé écrire que le figuier pouvait bien avoir une valeur purement symbolique, représentant l'"ombrage mortel des péchés", et que la voix d'enfant pouvait bien être aussi introduite d'une manière purement littéraire pour signifier allégoriquement la réponse divine aux interrogations d'Augustin. Pierre Courcelle ne se doutait pas de la tempête qu'il allait déchaîner en proposant cette interprétation. Elle dura presque vingt ans. Les plus grands noms de la patristique internationale entrèrent dans la querelle. Je ne voudrais pas la rallumer, bien évidemment. Mais je voudrais souligner combien, méthodologiquement, la position de Pierre Courcelle était intéressante. Elle partait en effet du principe très simple selon lequel un texte doit s'interpréter en fonction du genre littéraire auquel il appartient. La plupart des adversaires de Pierre Courcelle étaient victimes du préjugé moderne et anachronique qui consiste à croire que les *Confessions* d'Augustin sont avant tout un témoignage autobiographique. Pierre Courcelle, au contraire, avait bien compris que les *Confessions* sont une œuvre essentiellement théologique, dans laquelle chaque scène peut revêtir un sens symbolique. On s'est toujours étonné, par exemple, de la longueur du récit du vol de poires commis par Augustin au temps de son adolescence. Mais elle s'explique parce que ces fruits volés dans un jardin deviennent symboliquement, pour Augustin, le fruit défendu volé dans le jardin d'Éden et qu'ils lui donnent l'occasion de développer une réflexion théologique sur la nature du péché. Dans ce genre littéraire, il est donc extrêmement difficile de distinguer ce qui est mise en scène symbolique ou récit d'un événement historique.

Une très grande partie de l'œuvre de Pierre Courcelle a été consacrée à poursuivre la fortune des grands thèmes comme le "Connais-toi toi-même" ou des grandes œuvres comme les *Confessions* d'Augustin ou la *Consolation* de Boèce dans l'histoire de la pensée occidentale. Ce n'est pas la moindre originalité de plusieurs des grands ouvrages qu'il a écrits dans cette perspective, d'associer à l'étude littéraire les enquêtes iconographiques se rapportant par exemple aux illustrations des *Confessions* ou de la *Consolation* au cours des âges. Ces recherches iconographiques, capitales pour reconstituer l'histoire des mentalités et de l'imagination religieuses, furent toutes menées en collaboration avec Mme Jeanne Courcelle, dont les grandes connaissances dans les techniques de l'histoire de l'art et de la description iconographique enrichirent beaucoup l'œuvre de son mari.

Cette trop brève évocation laissera entrevoir, je l'espère, le mouvement général, l'itinéraire des recherches de Pierre Courcelle. Parti de l'Antiquité tardive, il a été amené à remonter, notamment dans son livre sur le "Connais-toi toi-même", vers la philosophie d'époque impériale et hellénistique et d'autre part à suivre, à travers les âges, le devenir des œuvres, des thèmes, des images antiques, dans la tradition de l'Occident. C'est finalement, nous allons le voir, à l'esprit, à l'orientation profonde de l'œuvre et de l'enseignement de Pierre Courcelle que voudrait se rattacher cette histoire de la pensée hellénistique et romaine dont je voudrais maintenant vous entretenir.

J'EN viens, en effet, selon le plan défini par Pierre de la Ramée, à vous présenter ce qu'il appelait lui-même *ratio muneris officiique nostri:* l'objet et la méthode de l'enseignement qui m'a été confié. Dans le titre de ma chaire, le mot "pensée" peut paraître bien vague; il peut s'appliquer en effet à un domaine immense et indéfini, allant de la politique à l'art, de la poésie à la science et à la philosophie ou à la religion et à la magie. Il invite en tout cas à des excursions passionnantes dans le vaste monde d'œuvres merveilleuses et fascinantes qui ont été produites pendant la grande période de l'histoire de l'humanité que je me propose d'étudier. Nous accepterons peut-être une fois ou l'autre cette invitation, mais notre intention est d'aller à l'essentiel, de reconnaître le typique, le significatif, de chercher à saisir les *Urphänomene*, les "phénomènes originels", comme aurait dit Goethe. Et précisément la *philosophia*, au sens où l'on entendait alors ce terme, est bien l'un des phénomènes typiques et significatifs du monde gréco-romain. C'est lui qui retiendra surtout notre attention. Nous avons préféré toutefois parler de "pensée hellénistique et romaine" pour nous réserver le droit de suivre cette *philosophia* dans ses manifestations les plus variées et surtout pour éliminer les préconceptions que le mot "philosophie" peut évoquer dans l'esprit de l'homme moderne.

"Hellénistique et romaine" : voilà des qualificatifs qui ouvrent, eux aussi, une période immense. Notre histoire commence avec cet événement hautement symbolique que représente la fantastique expédition d'Alexandre, et avec l'apparition du monde que l'on appelle hellénistique, c'est-à-dire l'apparition de cette forme nouvelle que prend la civilisation grecque à partir du moment où, grâce aux conquêtes d'Alexandre, puis à l'essor des royaumes qui s'ensuit, cette civilisation se répand dans le monde barbare, de l'Égypte aux frontières de l'Inde, et entre alors en contact avec les nations et les civilisations les plus diverses. Ainsi s'établit une sorte de distance, d'éloignement historique, entre la pensée hellénistique et la tradition grecque qui l'a précédée. Notre histoire voit ensuite l'essor de Rome, qui provoquera la destruction des royaumes hellénistiques, achevée en l'an 30 avant J.-C. avec la mort de Cléopâtre. Ce sera ensuite l'expansion de l'Empire romain, la montée et le triomphe du christianisme, les invasions barbares et la fin de l'Empire d'Occident.

Nous venons de parcourir ainsi un millénaire. Mais, du point de vue de l'histoire de la pensée, cette longue période doit être traitée comme un tout. Il est en effet impossible de connaître la pensée hellénistique sans recourir aux documents postérieurs, ceux de l'époque impériale et de l'Antiquité tardive, qui nous la révèlent; et il est également impossible de comprendre la pensée romaine sans tenir compte de son arrière-plan grec.

Il faut bien reconnaître tout d'abord que presque toute la littérature hellénistique, principalement la production philosophique, est disparue. Le philosophe stoïcien Chrysippe, pour ne citer qu'un exemple parmi bien d'autres, avait écrit sept cents ouvrages ; tout s'est perdu : seuls quelques fragments nous sont parvenus. Nous aurions sans doute une tout autre idée de la philosophie hellénistique si ce gigantesque naufrage n'avait pas eu lieu. Comment espérer compenser un peu cette perte irréparable ? Il y a évidemment le hasard des découvertes qui permet parfois de mettre au jour des textes inconnus. Par exemple, on a retrouvé au milieu du XVIIIe siècle, à Herculanum, une bibliothèque épicurienne : elle contenait des textes remarquablement intéressants non seulement pour la connaissance de cette école, mais aussi pour celle du stoïcisme et du platonisme. L'Institut de papyrologie de Naples exploite encore aujourd'hui d'une manière exemplaire ces précieux documents, en en améliorant sans cesse la lecture et le commentaire. Autre exemple : au cours des fouilles que notre collègue Paul Bernard a menées pendant quinze ans à Aï Khanoum, près de la frontière entre l'Afghanistan et l'URSS, pour retrouver les restes d'une ville hellénistique du royaume de Bactriane, un texte philosophique, malheureusement terriblement mutilé, a pu être découvert. La présence d'un tel document à un tel endroit suffit d'ailleurs à faire comprendre l'extraordinaire expansion de l'hellénisme qu'avaient provoquée les conquêtes d'Alexandre. Il date probablement du IIIe ou du IIe siècle et il représente un fragment, malheureusement très difficile à lire, d'un dialogue, dans lequel on peut reconnaître un passage inspiré par la tradition aristotélicienne[1].

En dehors de trouvailles de ce genre, extrêmement rares, l'on est bien obligé d'exploiter au maximum les textes existants, qui, souvent, sont bien postérieurs à l'époque hellénistique, pour y puiser des renseignements. Il faut commencer évidemment par les textes grecs. Malgré de nombreux et excellents travaux, il y a encore beaucoup à entreprendre dans ce domaine. Il faudrait par exemple réaliser ou mettre à jour les recueils des fragments philosophiques qui nous sont parvenus. C'est ainsi, entre autres, que l'ouvrage de H. von Arnim, qui rassemble les fragments des plus anciens stoïciens, date exactement de quatre-vingts ans et demande une sérieuse révision. D'autre part, des mines de renseignements, comme les œuvres de Philon d'Alexandrie, de Galien, d'Athénée, de Lucien ou comme les commentaires sur Platon et Aristote écrits à la fin de

1. P. Hadot et Cl. Rapin, “Les textes littéraires grecs de la trésorerie d'Aï Khanoum”, *Bulletin de correspondance hellénique*, n° 111, 1987, p. 225-266.

l'Antiquité, n'ont jamais été systématiquement exploitées[1]. Mais, dans cette enquête, les écrivains latins sont tout aussi indispensables. Car, bien que les latinistes n'en conviennent pas toujours, il faut bien admettre que la littérature latine, excepté les historiens (et encore!), est constituée, en sa plus grande part, ou de traductions, ou de paraphrases, ou d'imitations de textes grecs. Parfois cela est tout à fait évident, car on peut comparer, ligne par ligne et mot à mot, les originaux grecs qui ont été traduits ou paraphrasés par les écrivains latins; parfois aussi, les écrivains latins citent eux-mêmes leurs sources grecques, parfois, enfin, on peut légitimement conjecturer ces influences à l'aide d'indices

1. Depuis 1983, beaucoup de travaux importants ont été réalisés dans ces différents domaines, par exemple, pour n'en citer que quelques-uns, l'édition des fragments logiques des stoïciens par K. Hülser, *Die Fragmente zur Dialektik der Stoiker*, 4 vol., Stuttgart, Frommann-Holzboog, 1987, des fragments des philosophes hellénistiques par A. A. Long et D. N. Sedley, *The Hellenistic Philosophers*, 2 vol., Cambridge, University Press, 1987, des fragments des philosophes platoniciens, par H. Dörrie et M. Baltes, *Der Platonismus in der Antike*, 4 volumes parus, Stuttgart, Frommann Holzboog, 1987. Pour les commentateurs néoplatoniciens voir par exemple Simplicius, *Commentaire sur les Catégories d'Aristote*, traductions et notes publiées sous la direction d'I. Hadot, 2 volumes parus, Leyde, Brill, 1989. Mais il reste encore beaucoup à faire.

qui ne trompent pas. Grâce aux écrivains latins, une grande partie de la pensée hellénistique a été sauvée. Sans Cicéron, Lucrèce, Sénèque, Aulu-Gelle, de vastes aspects de la philosophie des épicuriens, des stoïciens, des académiciens, seraient irrémédiablement perdus. Les Latins de l'époque chrétienne sont d'ailleurs tout aussi précieux : sans Marius Victorinus, Augustin, Ambroise de Milan, Macrobe, Boèce, Martianus Capella, combien de sources grecques seraient totalement ignorées ! Deux démarches sont donc inséparables : d'une part expliquer la pensée latine par son arrière-plan grec, d'autre part retrouver, à travers les écrivains latins, la pensée grecque perdue ; il est donc tout à fait impossible de séparer, dans la recherche, le grec et le latin.

Nous sommes ici en présence du grand événement culturel de l'Occident, l'apparition d'une langue philosophique latine, traduite du grec. Là encore, il faudrait étudier systématiquement la manière dont s'est constitué ce vocabulaire technique qui, grâce à Cicéron, Sénèque, Tertullien, Victorinus, Calcidius, Augustin et Boèce, marquera de son empreinte, à travers le Moyen Âge, la genèse de la pensée moderne. Peut-on espérer qu'un jour, avec les moyens techniques actuels, on pourra constituer un lexique complet des correspondances des termes philosophiques en grec et en latin ? Il aurait d'ailleurs besoin d'un long commentaire, car le plus intéressant serait d'analyser les glissements de sens qui se sont opérés dans le passage d'une langue à l'autre. Le cas du vocabulaire ontologique, la traduction d'*ousia* par *substantia* par exemple, est justement célèbre et a suscité encore récemment de remarquables études[1]. Nous retrouvons ici un phénomène auquel nous avions fait une discrète allusion à propos du mot *philosophia* et que nous allons rencontrer tout au long du présent exposé, je veux parler du phénomène des incompréhensions, des glissements, des pertes de sens, des réinterprétations, pouvant parfois aller jusqu'au contresens, qui surgissent dès qu'il y a tradition, traduction et exégèse. Notre histoire de la pensée hellénistique et romaine consistera donc avant tout à reconnaître et à analyser l'évolution des sens et des significations.

1. J.-Fr. Courtine, "Note complémentaire pour l'histoire du vocabulaire de l'être. Les traductions latines d'*ousia* et la compréhension romano-stoïcienne de l'être", *Concepts et Catégories dans la pensée antique*, sous la direction de P. Aubenque, Paris, Vrin, 1980, p. 33-87.

C'est précisément la nécessité d'expliquer cette évolution qui justifie notre intention d'étudier comme un tout la période dont nous parlons. Les traductions du grec en latin ne sont en effet qu'un aspect particulier de ce vaste processus d'unification, c'est-à-dire d'hellénisation, des différentes cultures de la Méditerranée, de l'Europe, de l'Asie Mineure, qui s'est opéré progressivement depuis le IVe siècle avant J.-C. jusqu'à la fin du monde antique. La pensée hellénique a eu l'étrange pouvoir d'absorber les données mythiques et conceptuelles les plus diverses. Toutes les cultures du monde méditerranéen ont fini ainsi par s'exprimer dans les catégories de la pensée hellénique, mais au prix d'importants glissements de sens qui ont déformé aussi bien le contenu des mythes, des valeurs, des sagesses propres à ces cultures, que le contenu de la tradition hellénique elle-même. Dans cette sorte de piège, sont tombés successivement les Romains, tout en conservant leur langue, puis les Juifs, puis les chrétiens. C'est à ce prix que s'est créée la remarquable communauté de langue et de culture qui caractérise le monde gréco-romain. Ce processus d'unification a assuré aussi une étonnante continuité à l'intérieur des traditions littéraires, philosophiques ou religieuses.

Cette continuité dans l'évolution et cette unification progressive peuvent s'observer de la manière la plus remarquable dans le domaine de la philosophie. Au début de la période hellénistique, on assiste à un extraordinaire foisonnement d'écoles, dans le sillage du mouvement sophistique et de l'expérience socratique. Mais, à partir du IIIe siècle avant J.-C., une sorte de tri s'effectue. Ne subsistent, à Athènes, que les écoles auxquelles leurs fondateurs avaient songé à donner des institutions bien organisées : l'école de Platon, celle d'Aristote et de Théophraste, celle d'Épicure, celle de Zénon et de Chrysippe. À côté de ces quatre écoles, il existe aussi deux mouvements qui sont surtout des traditions spirituelles : le scepticisme et le cynisme. Après le naufrage des bases institutionnelles des écoles, à Athènes, à la fin de l'époque hellénistique, des écoles privées et même des chaires officielles subventionnées continueront à être fondées dans tout l'Empire, et elles se réclameront de la tradition spirituelle des fondateurs. On assiste ainsi pendant six siècles, du IIIe siècle avant J.-C. jusqu'au IIIe siècle de notre ère, à une étonnante stabilité des six traditions dont nous avons parlé. Toutefois, à partir du IIIe siècle après J.-C., achevant un mouvement qui s'esquissait depuis le Ier siècle, le platonisme, encore une fois au prix de subtils glissements de sens et de nombreuses réinterprétations, va absorber, dans une synthèse originale, l'aristotélisme et le stoïcisme, tandis que toutes les autres traditions vont devenir marginales. Ce phénomène d'unification a une importance historique capitale. Cette synthèse néoplatonicienne, grâce à des auteurs de la Basse Antiquité, mais aussi grâce aux traductions arabes et à la tradition byzantine, dominera toute la pensée du Moyen Âge et de la Renaissance, et elle sera, en quelque sorte, le dénominateur commun des théologies et mystiques juives, chrétiennes et musulmanes.

Nous venons de donner une très brève esquisse des grandes lignes de l'histoire des écoles philosophiques dans l'Antiquité. Mais notre histoire de la pensée hellénistique et romaine, comme histoire de la *philosophia* antique, s'attachera moins à étudier les diversités et les particularités doctrinales, propres à ces différentes écoles, qu'à chercher à décrire l'essence même du phénomène de la *philosophia* et à dégager les caractéristiques communes du "philosophe" ou du "philosopher" dans l'Antiquité. Il s'agit d'essayer de reconnaître en quelque sorte l'étrangeté de ce phénomène, afin d'essayer de mieux comprendre ensuite l'étrangeté de sa permanence dans toute l'histoire de la pensée occidentale. Pourquoi, dira-t-on, parler d'étrangeté alors qu'il s'agit d'une chose très générale et très commune ? Une teinture philosophique ne colore-t-elle pas toute la pensée hellénistique et romaine ? La généralisation, la vulgarisation de la philosophie n'est-elle pas l'une des caractéristiques de l'époque ? La philosophie est présente partout, dans les discours, dans les romans, dans la poésie, dans la science, dans l'art. Pourtant il ne faut pas s'y tromper. Il y a un abîme entre ces idées générales, ces lieux communs, qui peuvent orner un développement littéraire, et le véritable “philosopher”. Celui-ci implique en effet une rupture avec ce que les sceptiques appelaient *bios*, c'est-à-dire la vie quotidienne, lorsqu'ils reprochaient précisément aux autres philosophes de ne pas suivre la conduite commune de la vie, la manière habituelle de voir et d'agir, qui consistait, pour les sceptiques, dans le respect des coutumes et des lois, la pratique des techniques artistiques ou économiques, la satisfaction des besoins du corps, la foi dans les apparences, indispensable pour agir. Il est vrai que, ce faisant, dans le choix de cette conformité à la conduite commune de la vie, les sceptiques restaient eux-mêmes des philosophes, puisqu'ils pratiquaient un exercice somme toute assez étrange, la suspension du jugement, et visaient une fin, la tranquillité ininterrompue et la sérénité de l'âme, que la conduite commune de la vie ne connaissait guère.

Précisément cette rupture du philosophe avec les conduites de la vie quotidienne est ressentie fortement par les non-philosophes. Chez les auteurs comiques et satiriques, les philosophes apparaissent comme des personnages bizarres, sinon dangereux. Il est vrai d'ailleurs que, dans toute l'Antiquité, le nombre des charlatans qui se présentaient comme des philosophes a dû être considérable, et Lucien, par exemple, exercera volontiers sa verve à leurs dépens. Mais les juristes, eux aussi, considèrent les philosophes comme des gens à part. Dans les litiges des professeurs avec leurs débiteurs, les autorités, selon Ulpien, n'ont pas à s'occuper des philosophes, puisque ceux-ci professent eux-mêmes de mépriser l'argent. Une réglementation de l'empereur Antonin le Pieux concernant les salaires et les indemnités note que, si les philosophes chicanent sur leurs possessions, ils montreront qu'ils ne sont pas des philosophes[1]. Les philosophes sont donc des gens à part et étranges. Étranges, en effet, ces épicuriens qui mènent une vie frugale en pratiquant dans leur cercle philosophique une égalité totale entre les hommes et les femmes, et même entre les femmes mariées et les courtisanes, étranges ces stoïciens romains qui administrent de manière désintéressée les provinces de l'Empire qui leur sont confiées et sont les seuls à prendre au sérieux les prescriptions des lois édictées contre le luxe; étrange ce platonicien romain, le sénateur Rogatianus, disciple de Plotin, qui, le jour même où il doit prendre ses fonctions de préteur, renonce à ses charges, abandonne tous ses biens, affranchit ses esclaves et ne mange plus qu'un jour sur deux. Étranges donc tous ces philosophes dont le comportement, sans être inspiré par la religion, rompt pourtant totalement avec les coutumes et les habitudes du commun des mortels.

Déjà le Socrate des dialogues platoniciens était appelé *atopos*, c'est-à-dire, “inclassable”. Ce qui le rend *atopos*, c'est précisément qu'il

1. Cf. Ilsetraut Hadot, *Arts libéraux et philosophie dans la philosophie antique*, Paris, Études augustiniennes, 1984, p. 222 et 228.

est “philosophe” au sens étymologique du mot, c’est-à-dire qu’il est amoureux de la sagesse. Car la sagesse, dit Diotime dans le *Banquet* de Platon, n’est pas un état humain, c’est un état de perfection dans l’être et la connaissance qui ne peut être que divin. C’est l’amour de cette sagesse étrangère au monde qui rend le philosophe étranger au monde.

Chaque école élaborera donc sa représentation rationnelle de cet état de perfection qui devrait être celui du sage et elle s’appliquera à en tracer le portrait. Il est vrai que cet idéal transcendant sera considéré comme presque inaccessible : selon certaines écoles il n’y a jamais eu de sage ; selon d’autres, il y en a peut-être eu un ou deux, comme Épicure, ce dieu parmi les hommes ; selon d’autres enfin, l’homme ne peut atteindre cet état qu’en des instants rares et fulgurants. Dans cette norme transcendante posée par la raison, chaque école exprimera sa vision particulière du monde, son style de vie propre, son idée de l’homme parfait. C’est pourquoi la description de cette norme transcendante, dans chaque école, viendra finalement coïncider avec l’idée rationnelle de Dieu. Michelet l’a dit très profondément : “La religion grecque finit par son vrai dieu : le sage."[1] On peut interpréter cette formule, que Michelet ne développe pas, en disant que la Grèce dépasse la représentation mythique qu'elle avait de ses dieux, au moment où les philosophes conçoivent d'une manière rationnelle Dieu sur le modèle du sage. Sans doute, dans ces descriptions classiques du sage, certaines circonstances de la vie humaine seront évoquées, on se plaira à dire ce que ferait le sage dans telle ou telle situation, mais, précisément, la béatitude qu'il conservera inébranlablement en telle ou telle difficulté sera celle de Dieu même. Quelle sera la vie du sage dans la solitude, demande Sénèque[2], s'il est en prison ou en exil, ou jeté sur une plage déserte ? Et il répond : Ce sera celle de Zeus (c'est-à-dire, pour les stoïciens, celle de la Raison universelle), lorsqu'à la fin de chaque période cosmique, l'activité de la nature ayant cessé, il s'adonne librement à ses pensées ; le sage jouira, comme lui, du bonheur d'être avec soi-même. C'est que, pour les stoïciens, la pensée et la volonté de leur sage coïncident totalement avec la pensée, la volonté et le devenir de la Raison qui est

1. J. Michelet, *Journal*, t. 1, Paris, Gallimard, 1959, p. 382.
2. Sénèque, *Lettres à Lucilius*, 9, 16.

immanente au devenir du cosmos. Quant au sage épicurien, comme les dieux, il voit naître, à partir des atomes, dans le vide infini, l'infinité des mondes ; la nature suffit à ses besoins et rien ne vient jamais effleurer la paix de son âme. Les sages platoniciens et aristotéliciens, pour leur part, selon des nuances différentes, s'élèvent, par leur vie de pensée, au niveau de la Pensée divine.

On comprend mieux maintenant l'*atopia*, l'étrangeté du philosophe dans le monde humain. On ne sait où le classer, car il n'est ni un sage, ni un homme comme les autres. Il sait que l'état normal, l'état naturel des hommes, devrait être la sagesse ; car elle n'est rien d'autre que la vision des choses telles qu'elles sont, la vision du cosmos tel qu'il est dans la lumière de la raison, et elle n'est rien d'autre que le mode d'être et de vie qui devrait correspondre à cette vision. Mais le philosophe sait aussi que cette sagesse est un état idéal et presque inaccessible. Pour un tel homme, la vie quotidienne, telle qu'elle est organisée et vécue par les autres hommes, doit nécessairement apparaître comme anormale, comme un état de folie, d'inconscience, d'ignorance de la réalité. Et pourtant il lui faut bien vivre cette vie de tous les jours, dans laquelle il se sent étranger et dans laquelle les autres le perçoivent comme un étranger. Et c'est précisément dans cette vie quotidienne qu'il devra chercher à tendre vers ce mode de vie, qui est totalement étranger à la vie quotidienne. Il y aura ainsi un perpétuel conflit entre la tentative du philosophe pour voir les choses telles qu'elles sont du point de vue de la nature universelle, et la vision conventionnelle des choses sur laquelle repose la société humaine, un conflit entre la vie qu'il faudrait vivre et les coutumes et conventions de la vie quotidienne. Ce conflit ne pourra jamais se résoudre totalement. Les cyniques choisiront même la rupture totale, en refusant le monde de la convention sociale. D'autres au contraire, comme les sceptiques, accepteront pleinement la convention sociale, en réservant leur paix intérieure. D'autres, comme les épicuriens, essaieront de recréer entre eux une vie quotidienne conforme à l'idéal de sagesse. D'autres enfin, comme les platoniciens et les stoïciens, s'efforceront, au prix des plus grandes difficultés, de vivre "philosophiquement" la vie quotidienne et même la vie publique. Pour tous, en tout cas, la vie philosophique sera une tentative pour vivre et penser selon la norme de la sagesse, elle sera exactement une marche, un progrès, en quelque sorte asymptote, vers cet état transcendant.

Chaque école représentera donc une forme de vie, spécifiée par un idéal de sagesse. À chaque école correspondra ainsi une attitude intérieure fondamentale : par exemple la tension chez les stoïciens, la détente chez les épicuriens ; une certaine manière de parler : par exemple une dialectique percutante chez les stoïciens, une rhétorique abondante chez les académiciens. Mais, surtout, dans toutes les écoles, seront pratiqués des exercices destinés à assurer le progrès spirituel vers l'état idéal de la sagesse, des exercices de la raison qui seront, pour l'âme, analogues à l'entraînement de l'athlète ou aux pratiques d'une cure médicale. D'une manière générale, ils consistent surtout dans le contrôle de soi et dans la méditation. Le contrôle de soi est fondamentalement attention à soi-même : vigilance tendue dans le stoïcisme, renoncement aux désirs superflus dans l'épicurisme. Il implique toujours un effort de volonté, donc une foi dans la liberté morale, dans la possibilité de s'améliorer, une conscience morale aiguë, affinée par la pratique de l'examen de conscience et de la direction spirituelle, et, enfin, des exercices pratiques que Plutarque notamment a décrits avec une remarquable précision : contrôler sa colère, sa curiosité, ses paroles, son amour des richesses, en commençant à s'exercer dans les choses les plus faciles pour acquérir peu à peu une habitude stable et solide.

Surtout, l'"exercice" de la raison est "méditation" : étymologiquement, d'ailleurs, les deux mots sont synonymes. La méditation philosophique gréco-romaine est un exercice purement rationnel ou imaginatif ou intuitif. Les formes en sont extrêmement variées. Elle est tout d'abord mémorisation et assimilation des dogmes fondamentaux et des règles de vie de l'école. Grâce à cet exercice, la vision du monde de celui qui s'efforce de progresser spirituellement sera totalement transformée. Notamment la méditation philosophique des dogmes essentiels de la physique, par exemple la contemplation épicurienne de la genèse des mondes dans le vide infini, ou la contemplation stoïcienne du déroulement rationnel et nécessaire des événements cosmiques, pourra inspirer un exercice de l'imagination dans lequel les choses humaines apparaîtront comme de peu d'importance dans l'immensité de l'espace et du temps. Ces dogmes, ces règles de vie, il faudra s'efforcer de les "avoir sous la main" pour pouvoir se conduire en philosophe dans toutes les circonstances de la vie. Il faudra d'ailleurs s'imaginer à l'avance ces circonstances pour être prêt au choc des événements. Dans toutes les écoles, pour des raisons diverses, la philosophie sera tout spécialement une méditation de la mort et une attention concentrée sur le moment présent, pour jouir de celui-ci ou pour le vivre en pleine conscience. Dans tous ces exercices, tous les moyens que procurent la dialectique et la rhétorique seront utilisés pour obtenir le maximum d'efficacité. C'est notamment un tel usage conscient et voulu de la rhétorique qui explique l'impression de pessimisme que certains lecteurs croient découvrir dans les *Pensées* de Marc Aurèle[1]. Toutes les images lui paraissent bonnes, si elles peuvent frapper l'imagination et faire prendre conscience des illusions et des conventions des hommes.

C'est dans la perspective de ces exercices de méditation qu'il faut comprendre les rapports entre théorie et pratique dans la philosophie de cette époque. La théorie pour elle-même

1. J'ai essayé de le montrer dans mon livre *La Citadelle intérieure. Introduction aux Pensées de Marc Aurèle*, Paris, Fayard, 2e éd., 1997.

n'y est jamais considérée comme une fin en soi. Ou bien elle est clairement et décidément mise au service de la pratique. Épicure le dit explicitement : le but de la science de la nature, c'est de procurer la sérénité de l'âme. Ou bien, comme chez les aristotéliciens, on s'attache, plus qu'aux théories en elles-mêmes, à l'activité théorique considérée comme un mode de vie qui procure un plaisir et un bonheur presque divins. Ou bien, comme dans l'école académicienne, ou chez les sceptiques, l'activité théorique est une activité critique. Ou bien, comme chez les platoniciens, la théorie abstraite n'est pas considérée comme véritable connaissance : comme le dit Porphyre[1], "la contemplation béatifiante ne consiste pas en une accumulation de raisonnements ni en une masse de connaissances apprises, mais il faut que la théorie devienne en nous nature et vie." Et, selon Plotin, on ne peut connaître l'âme si on ne se purifie pas de ses passions pour expérimenter en soi la transcendance de l'âme par rapport au corps, et l'on ne peut connaître le principe

1. Porphyre, *De l'abstinence*, I, 29, I, Paris, Les Belles lettres, p. 63.

de toutes choses si l'on n'a pas l'expérience de l'union avec lui.

Pour permettre les exercices de méditation, on mettait à la disposition des commençants des sentences ou des résumés des principaux dogmes de l'école. Les *Lettres* d'Épicure[1] que nous a conservées Diogène Laërce sont destinées à jouer ce rôle. Pour assurer à ces dogmes une grande efficacité spirituelle, il fallait les présenter sous la forme de formules courtes et frappantes, comme les *Sentences* choisies d'Épicure, ou sous une forme rigoureusement systématique, comme la *Lettre à Hérodote* du même auteur, qui permettait au disciple de saisir en une sorte d'intuition unique l'essentiel de la doctrine pour l'avoir plus commodément "sous la main". Dans ce cas, le souci de cohérence systématique était mis au service de l'efficacité spirituelle.

Dans chaque école, les dogmes et les principes méthodologiques n'ont pas à être discutés. Philosopher, à cette époque-là, c'est choisir une école, se convertir à son mode de vie et accepter ses dogmes. C'est pourquoi, pour l'essentiel,

1. Épicure, *Lettres, Maximes, Sentences*, trad. par J.-F. Balaudé, Paris, Le Livre de poche, 1994.

les dogmes fondamentaux et les règles de vie du platonisme, de l'aristotélisme, du stoïcisme et de l'épicurisme n'ont pas évolué pendant toute l'Antiquité. Même les savants de l'Antiquité se rattachent toujours à une école philosophique: le développement de leurs théorèmes mathématiques ou astronomiques ne modifie en rien pour eux les principes fondamentaux de l'école à laquelle ils adhèrent.

Cela ne veut pas dire que la réflexion et l'élaboration théoriques soient absentes de la vie philosophique. Toutefois cette activité ne portera jamais sur les dogmes eux-mêmes ou sur les principes méthodologiques, mais sur le mode de démonstration et de systématisation des dogmes, et sur les points de doctrine secondaires qui en découlent mais ne font pas l'unanimité dans l'école. Ce genre de recherche est toujours réservé aux progressants. Il est pour eux un exercice de la raison qui les affermit dans leur vie philosophique. Chrysippe, par exemple, se sentait capable de trouver par lui-même les arguments justifiant les dogmes stoïciens posés par Zénon et par Cléanthe, ce qui l'amenait d'ailleurs à être en désaccord avec eux, non pas sur les dogmes, mais sur la manière de les établir. Épicure, lui aussi, réserve aux progressants la discussion et l'étude des points de détail, et, beaucoup plus tard, la même attitude se retrouvera chez le chrétien Origène qui assigne aux “spirituels” le soin de rechercher, comme il le dit lui-même, par manière d'exercice, les “comment” et les “pourquoi” et de discuter des questions obscures et secondaires[1]. Cet effort de réflexion théorique pourra aboutir à la rédaction de vastes ouvrages.

Ce sont évidemment ces traités systématiques ou ces commentaires savants qui attirent très légitimement l'attention de l'historien de la philosophie : par exemple le *Traité sur les principes* d'Origène, les *Éléments de théologie* de Proclus. L'étude du mouvement de la pensée dans ces grands textes doit être une des tâches principales de la réflexion sur le phénomène de la philosophie. Toutefois, il faut bien le reconnaître, d'une manière générale, les ouvrages philosophiques de l'Antiquité gréco-romaine risquent de dérouter presque toujours les lecteurs contemporains : je ne parle pas seulement du grand public, mais même des spécialistes de l'Antiquité. On pourrait composer toute une

1. Origène, *Traité des principes*, préface, 3, Paris, Cerf, 1978, p. 80-81.

anthologie des griefs faits aux auteurs antiques par les commentateurs modernes, qui leur reprochent de mal composer, de se contredire, de manquer de rigueur et de cohérence[1]. C'est précisément mon étonnement à la fois devant ces critiques et devant l'universalité et la constance du phénomène qu'elles dénoncent qui a inspiré aussi bien les réflexions que je viens de développer devant vous que celles que je me propose d'exposer maintenant.

IL me semble en effet que, pour comprendre les œuvres des auteurs philosophiques de l'Antiquité, il faut tenir compte de toutes les conditions concrètes dans lesquelles ils écrivent, de toutes les contraintes qui pèsent sur eux : le cadre de l'école, la nature propre de la *philosophia*, les genres littéraires, les règles rhétoriques, les impératifs dogmatiques, les modes traditionnels de raisonnement. On ne peut lire un auteur antique comme on lirait

1. J'ai développé plus abondamment ce qui vient d'être dit sur le phénomène de la *philosophia*, dans mon cours du Collège de France de l'année 1984-1985 et dans mon livre : *Qu'est-ce que la philosophie antique ?* Paris, Gallimard, coll. Folio-Essais, 1995.

un auteur contemporain (ce qui ne veut pas dire que les auteurs contemporains soient plus faciles à comprendre que les auteurs de l'Antiquité). L'ouvrage antique est en effet produit dans des conditions tout à fait différentes de celles de l'ouvrage moderne. Je passe sur le problème du support matériel : *volumen* ou *codex*, qui a ses contraintes propres. Mais je veux insister surtout sur le fait que les œuvres écrites, dans la période que nous étudions, ne sont jamais totalement délivrées des contraintes liées à l'oralité. Il est en effet bien exagéré d'affirmer, comme on l'a fait encore récemment, que la civilisation gréco-romaine est devenue de bonne heure une civilisation de l'écriture[1] et que l'on peut donc, méthodologiquement, traiter les œuvres philosophiques de l'Antiquité comme n'importe quelle œuvre écrite.

Les œuvres écrites de cette époque restent en effet étroitement liées à des conduites orales. Elles sont souvent dictées à un scribe. Et elles sont destinées à être lues à haute voix, soit par

1. Comme le pense V. Goldschmidt, "Remarques sur la méthode structurale en philosophie", dans *Métaphysique, histoire de la philosophie*, recueil d'études offert à F. Brunner, Neuchâtel, La Baconnière, 1981, p. 231.

un esclave qui fera la lecture à son maître, soit par le lecteur lui-même, puisque dans l'Antiquité, lire, c'est habituellement lire à haute voix, en soulignant le rythme de la période et la sonorité des mots, que l'auteur a pu déjà éprouver lui-même, lorsqu'il dictait son œuvre. Les Anciens étaient extrêmement sensibles à ces phénomènes sonores. Peu de philosophes, à l'époque que nous étudions, ont résisté à cette magie du verbe, même pas les stoïciens, même pas Plotin. Si donc, avant l'usage de l'écriture, la littérature orale imposait des contraintes rigoureuses à l'expression et obligeait à employer certaines formules rythmées, stéréotypées et traditionnelles, qui véhiculaient des images et des contenus de pensée indépendants, si l'on peut dire, de la volonté de l'auteur, ce phénomène n'est pas étranger, non plus, à la littérature écrite dans la mesure où elle doit se soucier du rythme et de la sonorité. Pour prendre un cas extrême, mais très révélateur, dans son *De natura rerum*, à cause du rythme poétique qui lui impose le recours à certaines formules en quelque sorte stéréotypées, Lucrèce ne peut utiliser librement le vocabulaire technique de l'épicurisme qu'il devrait employer.

Cette liaison de l'écrit à la parole explique donc certains aspects des œuvres de l'Antiquité. Très souvent, l'ouvrage se développe par associations d'idées, sans rigueur systématique ; il laisse subsister les reprises, les hésitations, les répétitions du discours parlé. Ou bien, après une relecture, on y introduit une systématisation un peu forcée en ajoutant des transitions, des introductions ou des conclusions aux différentes parties.

Plus que tous les autres, les ouvrages philosophiques sont liés à l'oralité, parce que la philosophie antique elle-même est, avant tout, orale. Il arrive sans doute qu'on se convertisse en lisant un livre, mais on se précipite alors chez le philosophe, pour entendre sa parole, pour l'interroger, pour discuter avec lui et avec d'autres disciples, dans une communauté qui est toujours un lieu de discussion. Par rapport à l'enseignement philosophique, l'écriture n'est qu'un aide-mémoire, un pis-aller, qui ne remplacera jamais la parole vivante.

La vraie formation est toujours orale, parce que seule la parole permet le dialogue, c'est-à-dire la possibilité pour le disciple de découvrir lui-même la vérité dans le jeu des questions et des réponses, la possibilité aussi pour le maître d'adapter son enseignement aux besoins du disciple. Nombre de philosophes, et non des moindres, n'ont pas voulu écrire, considérant à la suite de Platon et sans doute avec raison que ce qui s'écrit dans les âmes par la parole est plus réel et plus durable que les caractères tracés sur le papyrus ou le parchemin.

Les productions littéraires des philosophes seront donc, pour leur plus grande part, une préparation, ou un prolongement, ou un écho de leur enseignement oral et elles seront marquées par les limitations et les contraintes qu'impose une telle situation.

Certaines de ces productions se rapportent d'ailleurs directement à l'activité d'enseignement. Elles sont en effet ou des aide-mémoire rédigés par le maître pour préparer son cours ou des notes prises par des élèves pendant le cours, ou des textes rédigés avec soin, mais destinés à être lus pendant le cours par le professeur ou par un élève. Dans tous ces cas, le mouvement général de la pensée, son déroulement, ce que l'on pourrait appeler son temps propre, est réglé par le temps de la parole. C'est une contrainte très pesante, dont j'éprouve, aujourd'hui, toute la rigueur.

Même les œuvres écrites pour elles-mêmes sont étroitement liées à l'activité d'enseignement, et leur genre littéraire reflète les méthodes scolaires. L'un des exercices en honneur dans les écoles consistait à discuter, soit dialectiquement, c'est-à-dire par demandes et réponses, soit rhétoriquement, c'est-à-dire par discours continu, ce que l'on appelait des "thèses", c'est-à-dire des positions théoriques présentées sous forme de questions : la mort est-elle un mal ? Le sage se met-il en colère ? C'était à la fois une formation à la maîtrise de la parole et un exercice proprement philosophique. La plus grande partie des ouvrages philosophiques de l'Antiquité, par exemple ceux de Cicéron, de Plutarque, de Sénèque, de Plotin, et d'une manière générale ceux que les modernes rattachent à ce qu'ils appellent le genre de la diatribe, correspondent à cet exercice. Ils discutent d'une question précise, posée au début de l'ouvrage, à laquelle il faudrait normalement répondre par oui ou par non. La démarche de la pensée, dans ces ouvrages, consiste donc à remonter aux principes généraux, admis dans l'école, qui sont susceptibles de résoudre le problème en question. C'est une recherche des principes de solution d'un problème donné, qui enferme donc la pensée dans des limites étroitement définies. Chez un même auteur, les différents écrits menés selon cette méthode "zététique", méthode "qui recherche", ne seront pas nécessairement en tous points cohérents, parce que les détails de l'argumentation dans chaque œuvre seront fonction de la question posée.

Un autre exercice scolaire était la lecture et l'exégèse des textes faisant autorité dans chaque école. Beaucoup d'ouvrages littéraires, tout spécialement les longs commentaires de la fin de l'Antiquité, sont issus de cet exercice. D'une manière plus générale, une grande partie des ouvrages philosophiques d'alors utilisent un mode de pensée exégétique. Discuter une "thèse", la plupart du temps, ne consiste pas à discuter de la chose même, du problème en soi, mais du sens qu'il faut donner aux formules de Platon ou d'Aristote se rapportant à ce problème. Une fois admise cette convention, on discute bien, en fait, du fond de la question, mais en donnant habilement aux formules platoniciennes ou aristotéliciennes le sens qui autorise la solution que l'on voulait précisément donner au problème en question. Tout sens possible est vrai, pourvu qu'il soit cohérent avec la vérité que l'on croit découvrir dans le texte. C'est ainsi que s'est créée peu à peu dans la tradition spirituelle de chaque école, mais surtout dans le platonisme, une scolastique qui, s'appuyant sur l'argument d'autorité, a édifié, par une extraordinaire réflexion rationnelle sur les dogmes fondamentaux, de gigantesques édifices doctrinaux. C'est précisément le troisième genre littéraire philosophique, celui des traités systématiques, qui proposent une mise en ordre rationnelle de l'ensemble de la doctrine, présentée parfois, comme c'est le cas chez Proclus, *more geometrico*, sur le modèle des *Éléments* d'Euclide. Cette fois, on ne remonte plus à des principes de solution pour une question précise, mais on pose d'emblée les principes et on en déduit les conséquences. Ces écrits sont, pourrait-on dire, "plus écrits" que les autres ; ils comportent souvent une longue suite de livres et un vaste plan d'ensemble. Mais ces ouvrages, comme les Sommes théologiques du Moyen Âge qu'ils annoncent, doivent être compris, eux aussi, dans la perspective des exercices scolaires, dialectiques et exégétiques.

Toutes ces productions philosophiques, même les œuvres systématiques, s'adressent non pas, comme les œuvres modernes, à tous les hommes, à un auditoire universel, mais en priorité au groupe formé par les membres de l'école, et elles sont souvent l'écho des problèmes soulevés par l'enseignement oral. Seules les œuvres de propagande s'adressent à un large public.

Souvent, d'ailleurs, le philosophe, en écrivant, prolonge l'activité de directeur spirituel qu'il exerce dans son école. L'œuvre s'adresse alors à un disciple déterminé qu'il faut exhorter ou qui se trouve dans une difficulté particulière. Ou bien encore, l'œuvre est adaptée au niveau spirituel des destinataires. Aux commençants, on n'expose pas tous les détails du système, que l'on ne peut dévoiler qu'aux progressants. Surtout l'œuvre, même apparemment théorique et systématique, est écrite, non pas tant pour informer le lecteur au sujet d'un contenu doctrinal, que pour le former, en lui faisant parcourir un certain itinéraire au cours duquel il va progresser spirituellement. Ce procédé est évident chez Plotin et chez Augustin. Tous les détours, les reprises, les digressions de l'œuvre sont alors des éléments formateurs. Lorsqu'on aborde une œuvre philosophique de l'Antiquité, il faut toujours penser à l'idée de progrès spirituel. Pour les platoniciens par exemple, même les mathématiques servent à exercer l'âme à s'élever du sensible à l'intelligible. Le plan d'un ouvrage, son mode d'exposition peuvent toujours répondre à de telles préoccupations.

Telles sont donc les contraintes multiples qui s'exercent sur l'auteur ancien et qui font que le lecteur moderne est souvent dérouté par ce qu'il dit et par la manière dont il le dit. Comprendre une œuvre de l'Antiquité, c'est la replacer dans le groupe dont elle émane, dans sa tradition dogmatique, dans son genre littéraire et dans sa finalité. Il faut chercher à distinguer ce que l'auteur était obligé de dire, ce qu'il a pu ou n'a pas pu dire, et surtout ce qu'il a voulu dire. Car l'art de l'auteur antique consiste à utiliser habilement, pour arriver à ses fins, toutes les contraintes qui pèsent sur lui et les modèles fournis par la tradition. La plupart du temps, d'ailleurs, ce ne sont pas seulement des idées, des images, des schèmes d'argumentation, mais bien des textes ou au moins des formules déjà existantes qu'il utilise ainsi. Cela va du plagiat pur et simple à la citation ou à la paraphrase, en passant – et c'est cela le plus caractéristique – par l'utilisation littérale de formules ou de mots employés par la tradition antérieure, auxquels l'auteur donne souvent un sens nouveau adapté à ce qu'il veut dire. C'est ainsi que Philon le Juif emploie les formules platoniciennes pour commenter la Bible, ou que le chrétien Ambroise traduit le texte de Philon pour présenter des doctrines chrétiennes, que Plotin emploie des mots et des phrases de Platon pour exprimer son expérience. Ce qui compte avant tout, c'est le prestige de la formule ancienne et traditionnelle et non le sens exact qu'elle avait originellement. On s'intéresse moins à l'idée en elle-même, qu'aux éléments préfabriqués dans lesquels on croit reconnaître sa propre pensée et qui reprennent un sens et une finalité inattendus dans leur intégration à l'organisme littéraire. Cette réutilisation, parfois géniale, du préfabriqué, donne une impression de "bricolage", pour reprendre un mot actuellement à la mode, non seulement chez les anthropologues, mais aussi chez les biologistes. La pensée évolue en reprenant des éléments préfabriqués et préexistants auxquels elle donne un sens nouveau, dans son effort pour les intégrer à un système rationnel. On ne sait ce qui est le plus extraordinaire dans ce processus d'intégration : la contingence, le hasard, l'irrationalité, l'absurdité même qui proviennent des éléments utilisés, ou au contraire l'étrange pouvoir de la raison pour intégrer, systématiser ces éléments disparates et leur donner un sens nouveau.

De cette donation d'un sens nouveau nous avons un exemple extrêmement significatif dans les dernières lignes des *Méditations cartésiennes*[1] de Husserl. Résumant sa propre théorie, Husserl écrit : "L'oracle delphique 'Connais-toi toi-même' a acquis un sens

1. E. Husserl, *Méditations cartésiennes*, Paris, Vrin, 1974, p. 134, citant Augustin, *De vera religione*, 39, 72, citant à son tour Paul, *Épître aux Éphésiens*, 3, 16-17.

nouveau [...] Il faut d'abord perdre le monde par l'*epochê* [pour Husserl la "mise entre parenthèses phénoménologique" du monde] pour le retrouver ensuite dans une prise de conscience universelle de soi-même. *Noli foras ire*, dit saint Augustin, *in te redi, in interiore homine habitat veritas*." Cette phrase d'Augustin : "Ne t'égare pas au dehors, rentre en toi-même, c'est dans l'homme intérieur qu'habite la vérité" fournit à Husserl une formule commode pour exprimer et résumer sa propre conception de la prise de conscience. Il est vrai que Husserl donne à cette phrase un sens nouveau. L'"homme intérieur" d'Augustin devient, pour Husserl, l'"ego transcendantal" en tant que sujet de connaissance qui retrouve le monde "dans une conscience de soi universelle". Augustin n'aurait jamais pu concevoir dans ces termes son "homme intérieur". Et pourtant on comprend que Husserl ait été tenté d'utiliser cette formule. Car cette phrase d'Augustin résume admirablement tout l'esprit de la philosophie gréco-romaine, qui prépare aussi bien les *Méditations* de Descartes que les *Méditations cartésiennes* de Husserl. Et nous pouvons, nous aussi, par le même procédé de reprise d'une formule, appliquer à la philosophie antique ce que Husserl dit de sa propre philosophie : l'oracle delphique du "Connais-toi toi-même" a acquis un sens nouveau. Car toute la philosophie dont nous avons parlé donne, elle aussi, un sens nouveau à la formule delphique. Ce sens nouveau apparaît déjà chez les stoïciens, qui font reconnaître au philosophe la présence de la Raison divine dans le moi humain, et lui font opposer sa conscience morale, qui ne dépend que de lui, au reste de l'univers. Ce sens nouveau apparaît encore plus clairement chez les néoplatoniciens, qui identifient ce qu'ils appellent le véritable moi avec l'intellect fondateur du monde et même avec l'Unité transcendante qui fonde toute pensée et toute réalité. Dans la pensée hellénistique et romaine s'esquisse ainsi déjà ce mouvement, dont parle Husserl, par lequel on perd le monde pour le retrouver dans la conscience de soi universelle. Consciemment et explicitement, Husserl se définit donc comme l'héritier de la tradition du "Connais-toi toi-même" qui va de Socrate à Augustin et à Descartes. Mais ce n'est pas tout. Cet exemple, emprunté à Husserl, nous permet de mieux comprendre comment, concrètement, dans l'Antiquité cette fois, pouvaient se réaliser des donations de sens nouveau. En effet, l'expression *in interiore homine habitat veritas*, comme me l'a fait remarquer mon collègue et ami, G. Madec, est une allusion à un groupe de mots empruntés au chapitre 3, versets 16 et 17, de la lettre de Paul aux Éphésiens, exactement à une ancienne version latine de la Bible, dans laquelle le texte se présente sous la forme : *in interiore homine Christum habitare*. Mais ces mots ne sont qu'une suite purement matérielle, qui n'existe que dans cette version latine, ils ne correspondent à aucun contenu dans la pensée de Paul, car ils appartiennent à deux membres de phrase différents. D'une part, Paul souhaite que le Christ habite dans le cœur de ses disciples par la foi, d'autre part, dans le membre de phrase précédent, il souhaite que Dieu donne à ses disciples d'être fortifiés dans l'Esprit divin en ce qui regarde l'homme intérieur, *in interiorem hominem*, comme écrit la Vulgate[1]. L'ancienne version latine commet donc un contresens de traduction ou une faute de copie en réunissant *in interiore homine* et *Christum habitare*. La formule augustinienne *in interiore homine habitat veritas* est ainsi forgée à partir d'un groupe de mots qui ne représente pas une unité de sens

1. Traduction latine de la Bible par saint Jérôme (IVe s.).

chez saint Paul ; mais, pris en lui-même, ce groupe de mots a un sens pour Augustin et il l'explique dans le contexte du *De vera religione* où il l'emploie : l'homme intérieur, c'est-à-dire l'esprit humain, découvre que ce qui lui permet de penser et de raisonner, c'est la Vérité, c'est-à-dire la Raison divine, c'est-à-dire, pour Augustin, le Christ, qui habite, qui est présent, à l'intérieur de l'esprit humain. La formule prend donc ici un sens platonicien. On voit comment, de saint Paul à Husserl en passant par Augustin, un groupe de mots qui, originellement, n'était qu'une unité purement matérielle, ou un contresens du traducteur latin, a reçu un sens nouveau chez Augustin, puis chez Husserl, en prenant place ainsi dans la vaste tradition de l'approfondissement de la conscience de soi.

Cet exemple, emprunté à Husserl, nous fait toucher du doigt l'importance de ce que l'on appelle le *topos* dans la pensée de l'Occident. Les théories de la littérature appellent ainsi les formules, les images, les métaphores, qui s'imposent de manière impérative à l'écrivain et au penseur, de telle manière que l'usage de ces modèles préfabriqués leur semble indispensable pour pouvoir exprimer leur propre pensée.

Notre pensée occidentale s'est nourrie ainsi et vit encore d'un nombre relativement restreint de formules et de métaphores empruntées aux diverses traditions dont elle est issue. Il y a par exemple les maximes qui invitent à une certaine attitude intérieure, comme le "Connais-toi toi-même", celles qui ont longtemps orienté la manière de voir la nature : "La nature ne fait pas de sauts", "La nature se plaît à la diversité". Il y a des métaphores comme "la force de la vérité", "le monde comme livre" (qui se prolonge peut-être dans la conception du code génétique comme un texte). Il y a les formules bibliques comme "Je suis celui qui est" qui ont marqué profondément l'idée de Dieu. Le point que je voudrais fortement souligner est le suivant. Ces modèles préfabriqués, dont je viens de donner quelques exemples, ont été connus, à la Renaissance et dans le monde moderne, précisément sous la forme qu'ils avaient dans la tradition hellénistique et romaine et ils ont été compris originellement, à la Renaissance et dans le monde moderne, dans le sens même que ces modèles de pensée avaient à l'époque gréco-romaine et notamment à la fin de l'Antiquité. Ces modèles expliquent donc encore beaucoup d'aspects de notre pensée contemporaine et même précisément les significations parfois inattendues qu'elle donne à l'Antiquité. Le préjugé classique, par exemple, qui a tant nui à l'étude des littératures grecque et latine tardives, est une invention de la période gréco-romaine, qui a créé le modèle d'un canon des auteurs classiques, en réaction contre le maniérisme et le baroque qui s'appelaient alors l'"asianisme". Mais si le préjugé classique existait déjà à l'époque hellénistique et surtout impériale, c'est précisément que la distance que nous éprouvons à l'égard de la Grèce classique était aussi apparue à ce moment-là. C'est précisément cela l'esprit hellénistique, cette distance, en quelque sorte moderne, selon laquelle, par exemple, les mythes traditionnels deviennent objet d'érudition ou d'interprétations philosophiques et morales. C'est à travers la pensée hellénistique et romaine, surtout tardive, que la Renaissance percevra la tradition grecque. Ce fait aura une importance décisive sur la naissance de la pensée et de l'art de l'Europe moderne. Par ailleurs, les théories herméneutiques contemporaines qui, en proclamant l'autonomie du texte écrit, ont édifié une véritable tour de Babel des interprétations, où tous les sens deviennent possibles, viennent tout droit des pratiques de l'exégèse antique, dont j'ai parlé tout à l'heure. Autre exemple : pour notre regretté collègue R. Barthes, "beaucoup de traits de notre littérature, de notre enseignement, de nos institutions de langage seraient éclaircis ou compris différemment si l'on connaissait à fond (c'est-à-dire si l'on ne censurait pas) le code rhétorique qui a donné son langage à notre culture."[1] Cela est tout à fait vrai et l'on pourrait ajouter que cette connaissance nous permettrait peut-être de prendre conscience du fait que nos sciences humaines, dans leurs méthodes et leurs modes d'expression, fonctionnent souvent d'une manière tout à fait analogue aux modèles de la rhétorique antique.

Notre histoire de la pensée hellénistique et romaine ne devra donc pas être seulement une analyse du mouvement de la pensée dans les œuvres philosophiques, elle devra être aussi une topique historique qui étudiera l'évolution du sens des *topoi*, des modèles dont nous avons parlé, et le rôle qu'ils ont joué dans la formation de la pensée de l'Occident. Elle devra s'appliquer à distinguer le sens originel des

1. R. Barthes, "L'Ancienne rhétorique", in *L'Aventure sémiologique*, Paris, Éd. du Seuil, 1985, Points essais, p. 85.

formules ou des modèles, et les significations différentes que les réinterprétations successives leur ont données.

Cette topique historique prendra d'abord pour objet ces modèles fondateurs qu'ont été certaines œuvres et les genres littéraires qu'elles ont créés. Les *Éléments* d'Euclide, par exemple, ont servi de modèle aux *Éléments de théologie* de Proclus, mais aussi à l'*Éthique* de Spinoza. Le *Timée* de Platon, lui-même inspiré des poèmes cosmiques présocratiques, a servi de modèle au *De natura rerum* de Lucrèce, et le XVIIIe siècle, à son tour, rêvera d'un nouveau poème cosmique qui exposerait les dernières découvertes de la science. Les *Confessions* d'Augustin, interprétées d'ailleurs d'une manière erronée, ont inspiré une vaste littérature jusqu'à J.-J. Rousseau et aux Romantiques.

Cette topique pourra être aussi une topique des aphorismes, par exemple des maximes de la nature, qui ont dominé l'imagination scientifique jusqu'au XIXe siècle. C'est ainsi que, cette année, nous étudierons l'aphorisme d'Héraclite que l'on énonce habituellement sous la forme : "La nature aime à se cacher", bien que le sens originel des trois mots grecs que l'on traduit ainsi ne soit certainement pas celui-là. Nous verrons toutes les significations que la formule prendra, à travers l'Antiquité et ultérieurement, en fonction de l'évolution de l'idée de Nature, jusqu'à l'interprétation proposée par Heidegger.

Cette topique historique sera surtout une topique des thèmes de méditation, dont nous avons parlé tout à l'heure, et qui ont dominé et dominent encore notre pensée occidentale. Platon par exemple avait défini la philosophie comme un exercice de la mort entendue comme séparation de l'âme et du corps. Pour Épicure et les épicuriens, cet exercice de la mort prend un sens nouveau; il devient la conscience de la finitude de l'existence qui donne un prix infini à chaque instant: "Tiens que chaque jour qui luit sera pour toi le dernier; c'est avec gratitude alors que tu recevras chaque heure inespérée."[1] Dans la perspective du stoïcisme, l'exercice de la mort revêt un caractère différent; il invite à la conversion immédiate et rend possible la liberté intérieure: "Que la mort soit devant tes yeux chaque jour et tu n'auras aucune pensée basse ni aucun désir excessif."[2] Une

1. Horace, *Épîtres*, I, 4, 13-14, Paris, Les Belles Lettres, p. 54.
2. Épictète, *Manuel*, § 21.

mosaïque du Musée national romain s'inspire peut-être ironiquement de cette méditation en représentant un squelette avec une faux accompagné de l'inscription : *Gnôthi seauton*, "Connais-toi toi-même". Quoi qu'il en soit, ce thème de méditation sera abondamment repris dans le christianisme. Il peut y être traité d'une manière proche du stoïcisme, comme dans cette réflexion d'un moine : "Depuis le début de notre entretien, nous nous sommes rapprochés de la mort. Soyons vigilants tant que nous en avons le temps."[1] Mais il se modifie radicalement lorsqu'il vient se mêler au thème proprement chrétien de la participation à la mort du Christ. Laissant de côté toute la riche tradition littéraire occidentale, si bien illustrée par le chapitre de Montaigne : "Que philosopher c'est apprendre à mourir", nous pourrons aller tout droit à Heidegger pour retrouver, dans sa définition de l'authenticité de l'existence comme anticipation lucide de la mort, cet exercice philosophique fondamental.

Lié à la méditation de la mort, le thème de la valeur de l'instant joue un rôle fondamental

1. Dorothée de Gaza, *Œuvres spirituelles*, § 114, Paris, Cerf, 1963, p. 259.

dans toutes les écoles philosophiques. C'est en somme une prise de conscience de la liberté intérieure. On pourrait le résumer dans une formule de ce genre : Tu n'as besoin que de toi-même pour te placer immédiatement dans la paix intérieure, en renonçant à t'inquiéter pour le passé et pour l'avenir. Tu peux être heureux dès maintenant, ou alors tu ne le seras jamais. Le stoïcien insistera plus sur l'effort d'attention à soi-même, le consentement joyeux au moment présent qui nous est imposé par le destin. L'épicurien concevra cette libération du souci du passé et du futur comme une détente, une pure joie d'exister : "Pendant que nous parlons, le temps jaloux s'enfuit. Cueille donc l'aujourd'hui, sans te fier à demain."[1] C'est le fameux *Laetus in praesens* d'Horace, cette "jouissance du présent pur"[2], pour reprendre la belle expression d'André Chastel[3] à propos de Marsile Ficin qui, précisément, avait fait sa devise de cette formule d'Horace. Là encore, l'histoire de ce thème dans la pensée occidentale est fascinante.

1. Horace, *Odes*, I, II, 7, Paris, Les Belles Lettres, p. 20.
2. Horace, *Odes*, II, 16, 25, *op. cit.*, p. 79.
3. A. Chastel, *Marsile Ficin et l'art*, Genève, Droz, 1975, p. 10, 173.

Comment résister au plaisir d'évoquer le dialogue de Faust et d'Hélène, le sommet du second *Faust* de Goethe : "*Nun schaut mein Geist nicht vorwärts nicht zurück. Die Gegenwart allein ist unser Glück.*" "Voici que mon esprit n'a plus de regard ni vers l'avant ni vers l'arrière. Seul le présent est notre bonheur. [...] Ne cherche pas à comprendre ce qui t'arrive. Être là est un devoir et ne serait-ce que pour un instant."[1]

1. Goethe, *Faust* II, acte III, vers 9381-9382 et 9417-9418, dans Goethe, *Théâtre complet*, Paris, Gallimard, Bibl. Pléiade, 1951, p. 1242-1243.

J'ACHÈVE de prononcer devant vous cette leçon inaugurale, ce qui veut dire que je viens de faire ce que l'on appelait dans l'Antiquité une *epideixis*, un discours d'apparat, dans la droite ligne de ceux qu'au temps de Libanius par exemple, les professeurs devaient déclamer pour recruter des auditeurs en essayant à la fois de démontrer la valeur incomparable de leur spécialité et de faire étalage de leur éloquence. Il serait intéressant de rechercher les chemins historiques par lesquels cet usage antique s'est transmis aux premiers professeurs du Collège de France. Nous sommes en tout cas, en ce moment même, en train de vivre en pleine tradition gréco-romaine. Philon d'Alexandrie disait de ces discours d'apparat que le conférencier "y produisait au grand jour le fruit des longs efforts poursuivis en privé, comme les peintres et les sculpteurs recherchent, en réalisant leurs œuvres, les applaudissements du public."[1] Et il opposait cette conduite à la véritable instruction philosophique, dans laquelle le maître adapte sa parole à l'état de ses auditeurs et leur apporte les remèdes dont ils ont besoin pour être guéris.

1. Philon d'Alexandrie, *De posteritate Caini*, Paris, Cerf, 1972, p. 129.

Le souci du destin individuel et du progrès spirituel, l'affirmation intransigeante de l'exigence morale, l'appel à la méditation, l'invitation à la recherche de cette paix intérieure que toutes les écoles, même celle des sceptiques, proposent comme fin à la philosophie, le sentiment du sérieux et de la grandeur de l'existence, voilà, me semble-t-il, ce qui dans la philosophie antique n'a jamais été dépassé et reste toujours vivant. Certains verront peut-être dans ces attitudes une conduite de fuite, une évasion, incompatible avec la conscience que nous devons avoir de la souffrance et de la misère humaines, et ils penseront que le philosophe se révèle ainsi comme irrémédiablement étranger au monde. Je répondrai simplement en citant ce beau texte de Georges Friedmann daté de 1942, qui laisse entrevoir la possibilité de concilier le souci de la justice et l'effort spirituel, et qu'un stoïcien de l'Antiquité aurait pu écrire: “Prendre son vol chaque jour! Au moins un moment qui peut être bref, pourvu qu'il soit intense. Chaque jour un “exercice spirituel” seul ou en compagnie d'un homme qui lui aussi veut s'améliorer... Sortir de la durée. S'efforcer de dépouiller tes propres passions... S'éterniser en se dépassant. Cet effort sur soi est nécessaire, cette ambition, juste. Nombreux sont ceux qui s'absorbent entièrement dans la politique militante, la préparation de la révolution sociale. Rares, très rares, ceux qui, pour préparer la révolution, veulent s'en rendre dignes."[1]

1. G. Friedmann, *La Puissance et la sagesse*, Paris, Gallimard, 1970, p. 359.

INDEX DES NOMS PROPRES

INDEX DES THÈMES

ACHEVÉ D'IMPRIMER
DANS L'UNION EUROPÉENNE
POUR LE COMPTE DES ÉDITIONS ALLIA
EN FÉVRIER 2020

ISBN : 978-2-84485-624-1
DÉPÔT LÉGAL : JANVIER 1998

1re ÉDITION : JANVIER 1998
11e ÉDITION : MARS 2020